BEI GRIN MACHT SICH IHR WISSEN BEZAHLT

- Wir veröffentlichen Ihre Hausarbeit, Bachelor- und Masterarbeit

- Ihr eigenes eBook und Buch - weltweit in allen wichtigen Shops

- Verdienen Sie an jedem Verkauf

Jetzt bei www.GRIN.com hochladen und kostenlos publizieren

Bibliografische Information der Deutschen Nationalbibliothek:

Die Deutsche Bibliothek verzeichnet diese Publikation in der Deutschen National-
bibliografie; detaillierte bibliografische Daten sind im Internet über http://dnb.d-
nb.de/ abrufbar.

Impressum:

Copyright © 2004 GRIN Verlag, Open Publishing GmbH
Druck und Bindung: Books on Demand GmbH, Norderstedt Germany
ISBN: 9783668602410

Dieses Buch bei GRIN:

https://www.grin.com/document/322689

Martin Utzweiher

Die deutsche VN-Politik nach der Wiedervereinigung. Der Weg zu einer verantwortungsvollen Außenpolitik

GRIN Verlag

GRIN - Your knowledge has value

Der GRIN Verlag publiziert seit 1998 wissenschaftliche Arbeiten von Studenten, Hochschullehrern und anderen Akademikern als eBook und gedrucktes Buch. Die Verlagswebsite www.grin.com ist die ideale Plattform zur Veröffentlichung von Hausarbeiten, Abschlussarbeiten, wissenschaftlichen Aufsätzen, Dissertationen und Fachbüchern.

Besuchen Sie uns im Internet:

http://www.grin.com/

http://www.facebook.com/grincom

http://www.twitter.com/grin_com

Die deutsche VN-Politik nach der Wiedervereinigung
Der Weg zu einer verantwortungsvollen Außenpolitik

INHALTSVERZEICHNIS

1. Außenpolitik, Öffentlichkeit und VN

Welche Bedeutung haben die Vereinten Nationen für die Gestaltung der deutschen Außenpolitik und wie stark ist das öffentliche Interesse an Außenpolitik überhaupt? So lauten die Fragen, die sich im Zusammenhang mit dieser Arbeit zunächst stellen. Aufgrund der deutschen Geschichte ist die Außenpolitik der BRD ein Terrain, das zumindest international viel Aufmerksamkeit geniest. Im Inland allerdings richtet sich das öffentliche Interesse meist auf innenpolitische Themen, die ja den Bürger in der Regel unmittelbarer in seiner Lebensgestaltung berühren. Nichtsdestotrotz ist die deutsche Außenpolitik ein Feld, das gerade in Zeiten, in denen es um Krieg und Frieden geht immer wieder zu einem äußerst umstrittenen Thema wird, das gar Wahlen mitentscheiden kann. Man denke nur an die Debatte um die Beteiligung an einem möglichen Waffengang im Irak. Genau an dieser Stelle rücken auch die Vereinten Nationen in das Blickfeld der Öffentlichkeit; im Falle der Irakdebatte wurden Sicherheitsratsitzungen sogar live im öffentlich-rechtlichen Fernsehen übertragen.

Genau hier aber muss erwähnt werden, dass sich die deutsche VN-Politik nicht auf dieses Thema reduzieren lässt, sondern vielmehr ein breites Spektrum behandelt, welches in der öffentlichen Diskussion und in den Medien nicht oder nur selten zur Sprache kommt – genau das übrigens ist eines von vielen Dilemmata der Vereinten Nationen. Nichtsdestotrotz kann man behaupten, die deutsche Geschichte ist eng mit der der Weltorganisation verbunden. Darauf möchte ich im ersten Teil meiner Arbeit eingehen, anschließend werde ich mich etwas ausführlicher der deutschen VN-Politik nach der Wiedervereinigung widmen. Im Schlussteil schließlich soll ein kurzes Fazit aus der VN-Politik Deutschlands der letzten dreizehn Jahre gezogen werden.

2. Deutschland und die VN im Wandel

„Die Geschichte der Vereinten Nationen ist mit derjenigen Deutschlands auf das engste verbunden" (Auswärtiges Amt 1998, 17). Deutschland lässt sich, pointiert formuliert, als eine Ursache betrachten, die zur Gründung der VN geführt hat. Nach dem Austritt aus dem Völkerbund, der Vorgängerorganisation der VN, und nach den beiden verheerenden Weltkriegen gründeten am 24. Oktober 1945 unter Führung der Alliierten 50 Staaten die VN (vgl. Unser 2004, 25); die Vorbereitungsphase allerdings, mitsamt der Unterzeichnung zahlreicher Verträge wie zum Beispiel der *Erklärung der VN*, ist schon in der Kriegszeit zu verorten (vgl. ebenda 21-24). Ein Ziel der Gründung war es „eine Wiederholung des Geschehenen nicht zuzulassen" (Auswärtiges Amt 1998, 17). In der sogenannten „Feindstaatenklausel" wurden die Rechte Deutschland und Japans eingeschränkt. Allerdings wurde relativ schnell klar, dass man, wollte man die Fehler der Vergangenheit nicht noch einmal begehen, die Besiegten mit einbinden musste. So konnte sich die BRD schon 1950 in die VN einbringen (vgl. ebenda 18), allerdings wegen der Blockkonfrontation und des Alleinvertretungsanspruchs der BRD noch nicht als vollwertiges Mitglied.

Im September 1973 konnte auf Grund der mit der neuen Ostpolitik einhergehenden Entspannung der deutsch-deutschen Beziehungen ein neues Kapitel der deutschen VN-Geschichte begonnen werden: die Zeit der deutschen Doppelmitgliedschaft. Dennoch muss man konstatieren, dass die VN auch in Zeiten der weltpolitischen Entspannung wie während der gesamten Zeit der Blockkonfrontation nur sehr beschränkt handlungsfähig waren.

1990 war die Doppelmitgliedschaft der beiden deutschen Staaten beendet und einige Zeit später, mit dem Zusammenbruch der Sowjetunion und dem Inkrafttreten des 2+4-Vertrags der Weg für einen neuen Abschnitt der VN geebnet. Versteht man nun die deutsche Einigung als Vorbote des Zusammenbruchs der Sowjetunion, so zeigt sich auch hier wieder die Verwobenheit der deutschen Geschichte mit der der VN. Nachdem er in der Zeit des Ost-West-Konflikts durch mehr als 200 Vetos (vgl. BPB 2002, 9) blockiert wurde, „erlangte der Sicherheitsrat nach Jahrzehnten der Lähmung eine bis dahin nicht gekannte Entscheidungs- und Handlungsfähigkeit" (ebenda, 10). Die VN standen „am Beginn einer neuen Aufbruchsphase" (Knapp 2002). Damit schien die Weltorganisation in der Lage zu sein, sich der Vielzahl der Probleme, die sich im Laufe der Zeit angestaut, beziehungsweise sich durch den Zusammenbruch der SU erst neu entwickelt hatten, anzunehmen.

Genau in dieser Zeit also erlangte Deutschland durch das Inkrafttreten des 2+4-Vertrags die volle Souveränität und wurde durch die Wiedervereinigung endgültig zu einem der bedeutendsten Staaten Europas und der Welt. Der damit einhergehende Machtzuwachs brachte nahezu selbstverständlich auch Erwartungen an die Haltung und Handlungsweisen der deutschen Außenpolitik mit sich; so äußerte beispielsweise der damalige Generalsekretär Pérez de Cuéllar die Erwartung, Deutschland möge sich künftig stärker in den VN engagieren (Unser 2004, 299). Die deutsche Regierung war sich dieser Erwartungshaltung durchaus bewusst und zeigte auch ihrerseits die

„Bereitschaft zur Übernahme verstärkter außenpolitischer Verantwortung" (Hacke 2003, 382).

3. Die Startbedingungen für eine verantwortungsvolle VN-Politik[1]

Bei all den Bekundungen deutscher Regierungsvertreter, man wolle künftig mehr Verantwortung im Rahmen der Vereinten Nationen wahrnehmen, muss man natürlich der Frage nachgehen, was Politiker zu diesen Aussagen berechtigt. Untersucht man nun die Startbedingungen des geeinten Deutschlands, wird man zu dem Ergebnis kommen, dass sich der Handlungsspielraum für eine verantwortungsvolle Außenpolitik „deutlich vergrößert" (Hacke 2003, 382) hat. Mit der Wiedervereinigung erlangte Deutschland die vollständige Souveränität, die Zeit der alliierten Vorbehaltsrechte war vorbei. Deutschland war in seiner Außenpolitik nicht mehr durch die ständige Rivalität mit der DDR eingeschränkt – die Zeit der Blockkonfrontation hatte ihr Ende gefunden. Die BRD, die über Jahrzehnte hinweg als Frontstaat und potentieller Kriegsschauplatz existierte, war nun schlagartig und fast ausschließlich von Verbündeten umgeben. Zudem brachte die Vereinigung auch ganz offensichtliche geopolitische Veränderungen mit sich: das Territorium der BRD vergrößerte sich „von 248000 auf 357000 Quadratkilometer" (ebenda, 383), darüber hinaus erlebte Deutschland einen Bevölkerungszuwachs von ca. 25%. Dieser plötzliche Machtzuwachs schürte zwangsläufig Ängste nicht nur im europäischen Ausland. Um diese zu verringern, versicherte die deutsche Regierung, dass man auf den außenpolitischen Traditionen der BRD aufbauen und „nicht nach mehr Macht, wohl aber nach größerer Verantwortung" (ebenda, 385) streben werde. Die Bereitschaft zur Kooperation und Integration sollten auch weiterhin die Eckpfeiler der deutschen Außenpolitik bleiben. Die „Angst vor der Macht" (ebenda, 390) allerdings, die sich bei den Äußerungen der Bundesregierung zeigte, befähigte Deutschland auf die „denkbar schlechteste Weise" (ebenda, 390) verantwortungsvolle Außenpolitik zu betreiben – zumindest nach Ansicht des Politologen Hacke. Ob das multilateral eingestellte, *machtscheue* Deutschland dennoch der vom Generalsekretär der VN geforderten Rolle eines verantwortungsvollen und engagierten Akteurs in der internationalen Politik – v.a. natürlich im Rahmen der VN – gerecht werden konnte, soll im Rahmen dieser Arbeit untersucht werden. Engagierte sich Deutschland nach der Wiedervereinigung stärker in den VN? Welche Erfolge konnte die BRD mit ihrer VN-

---

[1] Die folgenden Ausführungen basieren auf: Hacke 2003, 382-390

Politik verzeichnen? Und welche Stellung nimmt Deutschland im System der VN ein? So lauten die Fragen, denen es im Folgenden nachzugehen gilt.

4. Das vereinte Deutschland in den VN

Die VN agieren in nahezu allen erdenklichen Politikfeldern, folglich beinhaltet auch das deutsche Engagement eine Vielzahl von Tätigkeiten, die hier natürlich nur zum Teil Erwähnung finden.

4.1 Sicherheit und Frieden

Zunächst soll der Bereich der Friedens- und Sicherheitspolitik eingehender betrachtet werden. Nach dem Zusammenbruch der Sowjetunion schien der Weg geebnet, sich diesem Thema im Rahmen der VN anzunehmen. In der oben erwähnten Aufbruchsphase zu Beginn der Neunziger sollte es zu einer rapide ansteigenden Zahl der Friedensmissionen „unter der Ägide der VN" (Knapp 2002) kommen. Die VN schienen jetzt endlich das geeignete Instrument zur Herstellung und Sicherung des Weltfriedens zu sein. Doch sollten sie erfolgreich sein, war ein starkes Engagement ihrer Mitglieder unabkömmlich; und genau an dieser Stelle richtet sich das Hauptaugenmerk auf das durch die Wiedervereinigung erstarkte Deutschland. In diesem Sektor der VN-Politik sollte die BRD, wollte sie verantwortungsvoll handeln, ihren Beitrag leisten.

4.1.1 Abrüstung und Prävention[2]

Die Friedenssicherung besteht nicht nur aus militärischen Einsätzen von Blauhelmsoldaten oder von den VN mandatierten Truppen, sie beinhaltet auch den Präventionsgedanken. Von diesem „erweiterten Sicherheitsbegriff" (Unser 2004, 306) geht auch die deutsche Bundesregierung bei ihrem Engagement aus.

Die Abrüstungspolitik ist hierbei als ein wesentlicher Teil der Prävention zu betrachten. In der vom Auswärtigen Amt herausgegebenen Jubiläumsschrift zur 25 jährigen VN-Mitgliedschaft wird behauptet, die BRD setze sich von jeher für die Abrüstung im Rahmen der VN ein (vgl. AA 1998, 63). Diese Behauptung ist zwar durchaus umstritten – und das nicht zu unrecht – allerdings lässt sich auch nicht leugnen,

---

[2] Der Abschnitt über die deutschen Leistungen bei den verschiedenen Abrüstungsverträgen stütz sich auf: AA 1998, 63-65

dass die BRD in diesem Sektor ihrer VN-Politik einige Erfolge zu verzeichnen hat. Zu nennen sind an dieser Stelle die aktive deutsche Rolle beim Verbot von Antipersonenminen, der Einsatz für „die rasche Aufnahme von „cut-off"-Verhandlungen" (ebenda, 63), bei denen es um das „Verbot der Produktion von Spaltmaterial für Kernwaffen" (ebenda, 63) ging und letztlich auch das Zustandekommen des Chemiewaffenübereinkommens 1992 „unter deutschem Vorsitz" (ebenda, 63), welches im April 1997 in Kraft treten konnte. Bei der mit diesem Abkommen verbundenen Organisation für das Verbot chemischer Waffen (OVCW) ist Deutschland der drittgrößte Beitragszahler. Zum Abschluss soll hier der Vollständigkeit halber noch das auf deutsche Initiative hin ins Leben gerufene VN-Register für den Transfer konventioneller Waffen genannt werden. Die Teilnahme an diesem Regime allerdings ist freiwillig und die Angaben, die gemacht werden müssen, „sind auf bestimmte Rüstungstransfers von Großwaffen beschränkt" (Lock 1997, 62).

Deutschland scheint also, unter Berücksichtigung der gerade aufgezählten Leistungen und der hohen Bereitschaft Abrüstungsverträge zu ratifizieren, auf den ersten Blick vorbildlich zu interagieren, aber:

„Diesem Aktivposten deutscher Abrüstungspolitik steht eine systematisch nachlässige Exportkontrolle gegenüber, die dazu geführt hat, daß deutsche Firmen aus dem Anlagenbau eine zentrale Rolle bei der Errichtung von Giftgasfabriken in Libyen und Irak spielen konnten." (ebenda, 59)

Auch die Ächtung von Landminen erfolgte erst durch den Druck der Öffentlichkeit (vgl. ebenda, 61). Gegenüber den Aussagen des Auswärtigen Amts, man engagiere sich nachdrücklich für Abrüstung, wirkt die Tatsache, dass Deutschland zu den „Hauptausfuhrländern von Waffen" (ebenda, 64) zu zählen ist nahezu als Kontradiktion. Zusammenfassend ˉmuss man also konstatieren, dass die deutschen Abrüstungsbemühungen als ambivalent zu bewerten sind. Die BRD zeigte sich zwar mehrmals als Initiator von Abrüstungsverträgen, neigt aber gleichzeitig dazu, etwas nachsichtiger zu handeln, wenn die deutsche Wirtschaft oder die Bundeswehr betroffen sind. Trotzdem lässt sich feststellen, dass Deutschland seine Bemühungen in diesem Aufgabenbereich durchaus intensiviert hat und bisweilen sogar die Rolle eines aktiven Gestalters einnimmt, der an Fortschritten rege beteiligt ist.

Die Konfliktprävention lässt sich aber nicht auf das Feld der Abrüstung reduzieren. Auch diplomatische Mittel, wie der Einsatz von Vermittlern oder Schiedsverfahren des internationalen Gerichtshofs, aber auch die Entsendung von Beobachtertruppen gehören zum reichhaltigen Instrumentarium der Konfliktvorbeugung. Die BRD, die sich ja von jeher durch ihre „Politik des Interessenausgleichs, des Dialogs, der Herstellung von Vertrauen sowie der Verrechtlichung der internationalen Beziehungen" (Andreae 2002, 32) auszeichnet, scheint somit geradezu für eine aktive Präventionspolitik prädestiniert zu sein. So gelang es Deutschland und einer Reihe anderer engagierter Akteure in Mazedonien erstmalig durch „herausragende Arbeit ... entschlossene diplomatische und militärische Anstrengungen präventiv einen Konflikt zu verhindern" (Hacke 2003, 486f.). Doch wie so oft stößt auch hier das multilateral orientierte Deutschland an seine Grenzen. Und zwar genau dann, wenn übermächtige Partner wie die USA einseitig auf Präventivschläge setzen, die selbstredend nicht zum Instrumentarium der Konfliktprävention zählen. Besonders deutlich wurde dies in der Irakfrage, in der Deutschland, Frankreich, Russland und andere Staaten auf die Inspektionen der Waffenkontrolleure – also auf Konfliktprävention – gesetzt haben, die USA und ihre Verbündeten aber auf die „preemption doctrine" und die „Politik der Stärke" (Andreae 2003, 32). Prinzipiell muss man aber festhalten, dass sich Deutschland auch in diesem Bereich nach der Wiedervereinigung stärker in die VN einbrachte. Dies zeigt sich unter anderem auch in der Erhöhung der Ausgaben für Krisenprävention im Haushalt des Auswärtigen Amts und in der „Unterstützung des „Standby Arrangement-Systems" der VN, mit dem die Reaktionsfähigkeit der VN im Bereich der Friedenssicherung erhöht werden soll" (Varwick 2003, 25).

4.1.2 Friedenseinsätze und BVG-Urteil

Trotz aller Bemühungen bei Prävention und Abrüstung lassen sich bewaffnete Konflikte oftmals nicht vermeiden und ein Einsatz von VN-Friedenstruppen wird unausweichlich.

Mit dem Zusammenbruch der SU ergaben sich, wie bereits erwähnt, einerseits neue Konfliktherde, andererseits aber konnten aufgrund der Beendigung der Blockadepolitik im Sicherheitsrat alte wie neue Konflikte jetzt auch im Rahmen des Völkerrechts und der VN gelöst werden. Fast zwangsläufig kam es zu einer Zunahme von VN-Friedensmissionen und die Ausgaben für *Friedenserhaltende Maßnahmen* erhöhten sich von 0,4 Mrd. US-$ 1990 auf 3,5 Mrd. US-$ 1994 (vgl. Debiel 1997, 33). Das Terrain der Friedenseinsätze, das damals zunehmend ins öffentliche Blickfeld geriet, war für Deutschland aufgrund seiner verheerenden Vergangenheit ein schwer begehbares und auch (weitgehend) unbekanntes. Nichtsdestotrotz erwartete sich auch hier die Weltgemeinschaft von Deutschland ein größeres Engagement. Man sollte den Reden über

Verantwortungsbereitschaft nun auch Taten folgen lassen und seinen Beitrag leisten. Doch darf man bei der Debatte um das deutsche Engagement bei Friedensmissionen neben der Geschichte Deutschlands die ungeklärte Rechtslage zur Legitimität von Kriegseinsätzen, die nicht der Landes- oder Bündnisverteidigung dienen, als einen zweiten Hemmschuh nicht unerwähnt lassen. Aus den eben erläuterten Gründen übte sich Deutschland bezüglich des Einsatzes von deutschen Soldaten in einer „Kultur der Zurückhaltung" (Knapp 1997, 33), die auf Dauer aber nicht haltbar bleiben sollte.

Grundsätzlich lässt dich die deutsche Politik bezüglich der Frage von Militäreinsätzen in zwei Kapitel unterteilen: die Zeit vor und nach dem BVG-Urteil von 1994. Erst im Juli 1994, also knapp vier Jahre nach der Wiedervereinigung, wurden „Einsätze im Rahmen von Systemen kollektiver Sicherheit [...] für zulässig erklärt" (Varwick 2003, 23). Doch trotz der Tatsache, dass Bundeswehreinsätze erst 1994 erlaubt wurden, engagierte sich Deutschland schon vorher im Sektor der Friedenssicherung. Denn nach dem Golfkrieg von 1991, an dem sich Deutschland trotz Anfrage nicht militärisch beteiligte – unter anderem deswegen, weil der 2+4-Vertrag noch nicht in Kraft getreten war (vgl. Knapp 1997, 31) – wurden Vorwürfe gegenüber der BRD laut. Da man den Irakeinsatz durch immense finanzielle Unterstützung mitgetragen hatte, sich gleichzeitig aber mangels Truppeneinsatzes als risikoscheu erwies, machte der Begriff der „Scheckbuch-Diplomatie" (ebenda, 31) die Runde und an der deutschen Bereitschaft sich in die internationale Gemeinschaft aktiv einzubringen, wurde ernsthaft gezweifelt. Um weiteren Imageschäden vorzubeugen, stieg nach dem Irakkrieg die Willigkeit der Regierung sich fortan auch ohne eindeutige Klärung der Rechtslage an Einsätzen zu beteiligen, So wirkte man u.a. mit „einer größeren Sanitätseinheit der Bundeswehr" (ebenda 31) bei einer VN-Mission in Kambodscha (1992/93) und der aufgrund der Vermischung von Elementen „einer herkömmlichen Blauhelmmission (Peace-Keeping) mit militärischen Zwangsmaßnahmen (Peace-Enforcement [...])" (ebenda, 32) höchst umstrittenen Mission in Somalia mit – die Truppenstärke war bei diesen Einsätzen natürlich verhältnismäßig gering, was wegen der unklaren Rechtslage in Deutschland nicht verwundern konnte. Nach dem BVG-Urteil von 1994 stellte sich nun die Frage, ob Deutschland sich künftig noch bereitwilliger engagieren würde. Nach der Weigerung, die VN im Ruanda-Konflikt zu unterstützen, musste zunächst der Eindruck entstehen, Deutschland wolle sich seiner Verantwortung entziehen und die oben gestellte Frage schien negativ beantwortet werden zu müssen (vgl. Unser 2004, 306). Doch schon 1995 konnte man diesen Eindruck revidieren. In der von der VN mandatierten und von der NATO geführten Mission in

Jugoslawien beteiligte sich Deutschland mit 4000 Soldaten (vgl. ebenda 307). Und auch in den Nachfolgemissionen auf dem Balkan war die BRD stets beteiligt. Doch im Kontext der deutschen Balkanpolitik muss nach diesen positiven Erscheinungen in der VN-Politik auch der NATO-Einsatz im Kosovo von 1999 genannt werden, an dem sich Deutschland trotz eines fehlenden Mandats des Sicherheitsrats beteiligte (Dieses Mandat sollte später, im Anschluss an die Mission noch erteilt werden). Deutschland muss sich hier den Vorwurf gefallen lassen, dass es, trotz aller anders lautenden Bekundungen, nur dann bereit ist im Sinne der VN zu handeln, wenn diese auch im Sinne Deutschlands handeln. Es stellt sich also buchstäblich die Sinnfrage, ob es angebracht und angemessen ist auf die Vertiefung der Verrechtlichung der internationalen Beziehungen zu drängen, wenn man selbst im Krisenfall bereits bestehendes Völkerrecht verletzt. Ganz unabhängig von diesem einmaligen *rechtlichen Vergehens* von Seiten Deutschlands stellt sich im Zusammenhang mit NATO-Einsätzen im Rahmen der VN eine weitere bedenkliche Frage. Namentlich die, ob die zunehmende Mandatierung von VN-Einsätzen „eine Schwächung oder vielmehr eine sinnvolle Entlastung der VN" (Varwick 2003, 24) darstellt. Deutschland versucht bei dieser Diskussion in einer Art *Scharnier-Funktion* die VN als „legitimierende Entscheidungsinstanz [...] zu erhalten" (Knapp 2002) und unterstreicht damit seine Anstrengungen die VN zu unterstützen.

Als Folge der mandatierten Einsätze allerdings bleibt, dass Deutschland 2002 an den 15 VN-Friedensmissionen lediglich mit 26 Soldaten und 511 Zivilpolizisten beteiligt war (bei insgesamt: 36000 Soldaten und 6700 Zivilpolizisten). Bei den mandatierten Einsätzen hingegen „stellt Deutschland einen erheblichen Teil der Soldaten" (Varwick 2003, 24). Zu nennen sind an dieser Stelle die Missionen in Bosnien und im Kosovo, vor allem aber auch der ISAF-Einsatz in Afghanistan. Insgesamt sind Anfang 2003 10000 deutsche Soldaten im internationalen Einsatz. Das verstärkte deutsche Engagement im Rahmen der Friedenssicherung zeigt sich auch bei den Ausgaben für Auslandseinsätze, die sich zwischen 1998 und 2002 auf 1,7 Mrd. Euro verzehnfacht haben.[3]

Zusammenfassend muss man das deutsche Engagement im Bereich der Friedenssicherung, v.a. unter Berücksichtigung der gerade genannten Zahlen, positiv bewerten. Mit Ausnahme des Kosovo-Konflikts bewegte sich die BRD stets in dem von den VN gesetzten rechtlichen Rahmen und versuchte auch andere Staaten zum statutengemäßen Handeln zu bewegen – dies zeigte sich unter anderem auch bei der Irakfrage, bei der Deutschland stets bemüht war die VN als einzige Instanz zur

---

[3] Die in diesem Abschnitt genannten Zahlen und Fakten stammen aus: Varwick 2003, 24

Legitimierung von Kriegseinsätzen zu festigen. Insgesamt ist also vor allem in den letzten Jahren nach einer anfänglichen Zurückhaltung ein stetig wachsendes Engagement bei den Friedensmissionen zu beobachten. Erstaunlich oder zumindest bemerkenswert ist dabei die Tatsache, dass auch die Rot/Grün geführte Bundesregierung gegen Widerstände in den eigenen Reihen Deutschlands aktive Rolle festigte und im Kampf gegen den internationalen Terrorismus (ISAF) sogar noch ausbaute. Die deutsche Politik bleibt also in gewisser Weise auch nach dem Regierungswechsel kontinuierlich und somit für die internationale Staatengemeinschaft ein Zeichen für Deutschlands Zuverlässigkeit.

4.2 Entwicklungszusammenarbeit, Umwelt und Menschenrechte
4.2.1 Umwelt und Entwicklung

Zwei weitere wichtige Themenbereiche, denen sich die VN widmen, sind die Entwicklungszusammenarbeit und der Umweltschutz. Beide Bereiche stehen in der öffentlichen Wahrnehmung hinter der Friedenssicherung, sind deshalb aber nicht weniger bedeutsam für eine erfolgreiche Zukunft der VN. Das geringe öffentliche Interesse mag auch darin begründet liegen, dass in diesen Bereichen nur selten Einigungen und Erfolge zu verzeichnen sind, man denke nur an den langwierigen und immer noch nicht abgeschlossenen Prozess der Ratifizierung des Kioto-Protokolls. Es verwundert folglich nicht, dass sich bei all diesen Schwierigkeiten die Kluft zwischen den Entwicklungs- und den Industrieländern zunehmend vergrößert und der Zustand der Umwelt verschlechtert hat (vgl. Varwick 2003, 25). Doch da diese Bereiche für die Zukunft der VN sehr bedeutsam sind, bleiben diese ungeklärten Fragen auch weiterhin von größtem Interesse. Man sollte also meinen, dass die BRD, die ja häufig die herausragende Rolle der VN für die Lösung globaler Probleme betonte, sich auch hier nach der Wiedervereinigung stärker einbringen würde.

Schon relativ früh nach dem Ende der SU – nämlich nach der VN-Konferenz in Rio 1992 – wurde erkannt, dass man, sollten Fortschritte verzeichnet werden, auf einen ganzheitlichen Politikansatz setzen müsse. Man versuchte, dem Leitbild der nachhaltigen Entwicklung folgend, soziale, wirtschaftliche und ökologische Fragen miteinander zu verknüpfen (vgl. ebenda, 25). Dieser Ansatz wird häufig auch als „globale Struktur- und Friedenspolitik" (ebenda, 25) bezeichnet. Wie bereits erwähnt, konnte man mit dieser Politik nur sehr wenige Erfolge verzeichnen. Im folgenden Teil soll nichtsdestotrotz untersucht werden, wie sich Deutschland bei der Lösung dieser Fragen eingebracht hat.

Zunächst einmal lässt sich feststellen, dass die BRD ihrem Kurs auch nach der Wiedervereinigung – anders als bei der Frage der Friedenseinsätze – relativ treu geblieben ist (vgl. Knapp 2002). Auch nach dem Regierungswechsel von 1998 konnte man von keinem Kurswechsel sprechen, lediglich von einer etwas anderen Akzentuierung (vgl. Varwick 2003, 25). Prinzipiell ist Deutschland zwar in einer Vielzahl von Unterorganisationen der VN im Umwelt- und Entwicklungsbereich vertreten, tritt aber nur selten als aktiver Gestalter auf, verzichtet häufig darauf Initiativen einzubringen und spielt im Großen und Ganzen eine unscheinbare Rolle (vgl. Unmüssig/Klingebiel 1997, 121/140). Bei der Entwicklungshilfe beispielsweise konzentriert man sich vor allem auf bilaterale Zusammenarbeit und übt sich in der Kritik an den wenig effizienten VN (vgl. Klingebiel 1997, 130). Zudem kürzt man im Zusammenhang mit nationalen Sparmaßnahmen vorzugsweise bei der multilateralen Entwicklungshilfe um die knappen Mittel bilateral verteilen zu können (vgl. ebenda, 136). So verwundert es nicht, dass neben vielen anderen Staaten auch die BRD vom vereinbarten Ziel 0,7% des Bruttosozialprodukts für Entwicklungshilfe auszugeben weit entfernt ist (vgl. Varwick 2003, 25). Deutschland zeigt sich zudem zwar vorbildlich bei der Unterzeichnung vieler internationaler Abkommen, lässt es allerdings häufig an einer zügigen nationalen Umsetzung fehlen. Somit verliert die deutsche VN-Politik bisweilen an Glaubwürdigkeit (Unmüssig 1997, 119). Dennoch ist es nicht legitim Deutschland ausschließlich als Zauderer und Bremser darzustellen. Gerade beim Klimaschutz tritt Deutschland immer wieder als Vorreiter auf. So kommt es auch nicht von ungefähr, dass das Sekretariat der Klimarahmenkonvention seinen Sitz in Bonn hat. Zudem zeigt sich die BRD auch bemüht die Gegensätze zwischen Industrie- und Entwicklungsländern zu verringern – exemplarisch soll hier die „Globale Initiative für nachhaltige Entwicklung" genannt werden, die Deutschland zusammen mit Brasilien, Singapur und Südafrika vorlegte (vgl. AA 1998, 88). Auch positiv bewerten lässt sich, dass die BRD in fast allen VN-Unterorganisationen Mitglied ist und eine Vielzahl der Entwicklungsfonds tatkräftig mitfinanziert. Hier möchte ich insbesondere auf den Globalen Umweltfonds hinweisen, an dessen Schaffung Deutschland aktiv beteiligt war und in den es mehr einzahlt als es eigentlich müsste (vgl. Unmüssig 1997, 120f.).

Trotz einiger Defizite muss man also festhalten, dass die BRD auch in diesen Bereichen ihrer VN-Politik ihrer Verantwortung über weite Strecken hinweg gerecht wird. Denn im Gegensatz zu Staaten wie den USA und GB, die 1984/85 sogar aus der UNESCO ausgetreten sind (vgl. Klingebiel 1997,140), bringt sich Deutschland immer wieder (wenn auch nicht immer an vorderster Stelle) durch Initiativen und Geldzahlungen ein.

4.2.2 Menschenrechte und internationale Rechtssprechung

Ein weiterer Bereich, in dem Deutschland – um das Ergebnis schon vorwegzunehmen – dauerhaft als aktiver Beteiligter engagiert ist, ist der der Menschenrechte und des Völkerrechts. Unabhängig von der Regierungszusammensetzung ist die Politik in diesem Sektor als wichtiger Schwerpunkt deutscher VN-Politik zu betrachten (vgl. Varwick 2003, 26). Deutschland ist „Vertragspartei aller Menschenrechtskonventionen" (Unser 2004, 311) und zeigt sich in nahezu allen Bereichen der Menschenrechtspolitik interessiert und involviert. So setzte man sich u.a. besonders vehement und „über Jahre hinweg nur in Gesellschaft von Costa Rica" (AA 1998, 97) für die Schaffung des Amts des VN-Hochkommissars für Menschenrechte ein; man zeigt sich besonders kooperativ bei Untersuchungsberichten im Inland und setzt sich aktiv für die Ächtung und Abschaffung von Folter und Todesstrafe, für die Stärkung der Frauen- und Kinderechte und für die Bekämpfung von Rassismus und Fremdenfeindlichkeit ein. In all diesen die Menschenrechte betreffenden Themen wird die BRD häufig in der Rolle des Initiators tätig (vgl. ebenda, 97-104).

Im Kontext von Menschenrechtsverletzungen wird häufig der Ruf nach einer internationalen Gerichtsbarkeit laut. Wie nicht anders zu erwarten, war und ist die Bundesrepublik auch in diesem Sektor engagiert. Man unterstützte die Einrichtung von Ad-hoc-Straftribunalen nach den Konflikten in Jugoslawien und Ruanda, spielte eine aktive Rolle bei der Seerechtskonferenz, die schließlich zur Schaffung des Internationalen Seegerichtshofs mit Sitz in Hamburg führen sollte, und schließlich war und ist man der wohl prominenteste Fürsprecher des Internationalen Strafgerichtshofs, der 2003 in Den Haag eingerichtet werden konnte (vgl. Varwick 2003, 26). Die Schaffung dieses Gerichtshofs kann einerseits zwar als großer Erfolg der deutschen VN-Politik gesehen werden – hat man sie doch gegen den Willen der USA durchsetzten können – man kann sie gleichzeitig aber auch als ein Dilemma der VN und somit auch der VN-Politik Deutschlands betrachten. So konnte man den ICC zwar gegen den Willen der USA durchsetzten, allerdings nur dadurch, dass man den Amerikanern das Zugeständnis der (zunächst einmal auf ein Jahr befristeten) Immunität machte (vgl. Andreae 2002, 35). Die Rechtsauffassung gleiches Recht für alle verliert somit ihre

Gültigkeit und die VN für viele an Glaubwürdigkeit. Diese Tatsache trübt zwar den Erfolg, man darf aber nicht vergessen, dass die Installierung des ICC trotzdem ein Erfolg bleibt.

Zusammenfassend muss man also zu dem Schluss kommen, dass die BRD im Bereich der Menschenrechte nach der deutschen Einigung, wie eingangs bereits erwähnt, eine aktive und verantwortungsvolle Rolle bekleidet, wenn man auch bisweilen das Verhalten im Umgang mit menschenrechtsverachtenden Regimen wie China kritisieren kann[4].

4.3 Reform der VN[5]

Das letzte Tätigkeitsfeld deutscher VN-Politik, welches untersucht werden soll, ist das der Reformpolitik bezüglich der Weltorganisation.

Im Kontext des Globalisierungsprozesses und den mit ihm einhergehenden politischen Herausforderungen wurde in den 1990er Jahren die Notwendigkeit einer Reformierung des VN-Systems immer deutlicher. Der Widerspruch zwischen dem Anspruch an die Leistungsfähigkeit der VN und der Realität trat immer offener zu Tage. Der Ruf nach „global governance" scheint auch heute noch lediglich das Wunschdenken einiger weniger widerzuspiegeln, denn die Realisierung einer Weltordnungspolitik zeichnet sich noch kaum ab. Das Ziel einer jeden VN-Reform muss es also sein die Handlungsfähigkeit der Weltorganisation zu stärken (vgl. Unser 2003, 312). Die Reformvorschläge lassen sich grundsätzlich in drei große Kategorien unterteilen. In der ersten Kategorie geht es um die Effizienzsteigerung der VN. Erfolge lassen sich hier schon durch Verwaltungs- und Koordinationsoptimierung erreichen, Änderungen der Charta sind hier selten bis überhaupt nicht nötig. Es verwundert also nicht, dass sich in dieser Kategorie Erfolge zeitigten. Unter anderem konnte die Beitragsskala der VN neu festgesetzt werden (vgl. AA 1998, 148), aber auch bei der Zusammenarbeit von Wirtschaft und VN konnten Fortschritte erzielt werden. „In all diesen Bereichen hat Deutschland erheblich konzeptionelle und materielle Beiträge geliefert" (Varwick 2003, 27).

In der zweiten Kategorie richtet sich der Focus auf die institutionellen Reformen der VN. Hier geht es um die Schaffung neuer Organisationen und eine Reformierung der bereits bestehenden. Das bringt mit sich, dass Änderungen in diesem Sektor neben der

---

[4] mit dem Thema der Menschenrechte und dem dt. Verhalten gegenüber China beschäftigte sich u.a. Jürgen Maier 1997, 168-200
[5] Die folgenden Ausführungen, insbesondere die Kategorisierung der Reformgedanken, stützen sich auf Varwick 2003, 26-28

Zustimmung des Sicherheitsrats auch einer 2/3-Mehrheit in der Generalversammlung bedürfen. Da verwundert es nicht, dass bei den institutionellen Reformen nur wenige Erfolge verzeichnet werden konnten. Die BRD strebte beispielsweise erfolglos die Schaffung einer Weltumweltorganisation an. Trotzdem konnte die BRD hier auch einen ihrer größten Erfolge erringen: Die Schaffung des Internationalen Strafgerichtshofs (siehe oben). Ein weiterer Schwerpunkt der deutschen Reformbemühungen in diesem Bereich ist die Umgestaltung des Sicherheitsrats, des zentralen Organs der VN. Deutschland bevorzugt bei der Neugestaltung des Sicherheitsrats dessen Erweiterung auf 24 Mitglieder, genauer gesagt eine Vergrößerung um fünf ständige und vier nichtständige Mitglieder (vgl. Knapp 2002). Im Mittelpunkt der deutschen Forderungen stand allerdings unabhängig von diesem recht konkreten Reformvorschlag von jeher das Streben nach einem ständigen Sitz für die BRD selbst. Seit der damalige Außenminister Kinkel 1992 erstmals den deutschen Anspruch auf einen ständigen Sitz erhob, blieb diese Forderung dauerhaft auf der Agenda deutscher VN-Politik – lediglich nach dem Regierungswechsel von 1998 wurde anstelle eines deutschen Sitzes ein gemeinsamer europäischer in Erwägung gezogen, nachdem sich dieser aber als utopisch erwies, kehrte man zur Forderung nach einem ähnlich unwahrscheinlichen alleinigen Sitzes zurück (vgl. ebenda). Doch trotz aller Bemühungen und Bestrebungen der deutschen Bundesregierungen konnte dieses Ziel nicht erreicht werden, der Sicherheitsrat besteht weiter in seiner alten Form. Die VN erweisen sich in der zweiten Kategorie als kaum reformierbar, auch wenn dies im Sinne der Handlungsfähigkeit dringend notwendig wäre.

So sind hier auch bei der grundlegenden Umgestaltung (3. Kategorie) kaum Fortschritte zu verbuchen. Bei diesen tiefgreifenden Reformvorschlägen geht es in erster Linie darum, die VN als die zentrale Einrichtung für das Betreiben von *global governance* zu installieren. Das würde Souveränitätsübertragung der Mitgliedsstaaten bedeuten, zu der diese jedoch nicht bereit sind. Deutschland, das ja bereits in der EU Erfahrungen in diesem Bereich gesammelt hat, zählt zu den Ländern die grundsätzlich dazu bereit wären sich an der grundlegenden Reformierung der VN zu beteiligen – die Erfolgsaussichten bleiben jedoch äußerst gering.

Insgesamt bleibt also festzuhalten, dass die VN aufgrund der mangelnden Bereitschaft mehrerer Mitgliedsstaaten äußerst schwierig umzubauen sind:

„Die Weltorganisation ist insofern eine klassische intergouvernementale Organisation, d.h. sie kann nur so weit agieren, wie es die tragenden Staaten nach Abwägung der eigenen Interessen gestatten" (Varwick 2003, 26)

5. Deutschland im System der VN[6]

Bevor nun ein Fazit gezogen werden soll, möchte ich noch einmal kurz einige Daten auflisten, die Deutschlands Stellung in den VN verdeutlichen. Die BRD ist der drittgrößte Beitrittszahler und trägt damit einen Anteil von 9,77% des regulären Haushalts der VN. Im Jahr 2003 belief sich der daraus resultierende Betrag auf 111 Millionen Dollar. Deutschland zahlt diese Summe entgegen den Statuten in zwei Raten – allerdings gehört es damit dennoch zu „dem relativ kleinen Kreis der ‚pünktlichen Beitragszahler'" (Unser 2004, 315). Beim Haushalt für die friedenserhaltenden Maßnahmen beteiligt sich Deutschland ebenfalls mit knapp 10%; im Jahr 2001 beliefen sich die Ausgaben damit auf 280 Mio. Dollar (vgl. Varwick 2003, 23). Hinzu kommen noch die Pflichtbeiträge für eine Vielzahl von Sonderorganisationen und Fonds.

Den doch sehr üppigen Finanzleistungen Deutschlands steht eine verhältnismäßig kleine Schar deutschen VN-Personals gegenüber. Mit 129 Angestellten im Höheren Dienst liegt Deutschland außerhalb des von der VN festgelegten Korridors von 131-177 Stellen. Deutschland bleibt also trotz einiger Verbesserungen im Laufe der 1990er Jahre deutlich unterrepräsentiert. Noch deutlicher wird dies bei den Spitzenpositionen. Die höchste Position bekleidet Klaus Töpfer als UNEP-Exekutivdirektor, er nimmt damit die Position eines Untergeneralsekretärs ein. Weitere Deutsche in gleichwertigen Positionen gibt es nicht. Mit dem Rücktritt des wohl künftigen deutschen Bundespräsidenten Horst Köhler vom Amt des IWF-Direktors lassen sich lediglich noch einige juristische Ämter aufzählen: beim Internationalen Gerichtshof, am Internationalen Strafgerichtshof, am Int. Strafgerichtshof für das ehemalige Jugoslawien und beim Internationalen Seegerichtshof in Hamburg ist Deutschland jeweils mit einem Richter vertreten. Die Bundesregierungen zeigten sich in der Vergangenheit zu passiv, was die Besetzung von internationalen Spitzenpositionen betrifft und versuchen nun gezielt Führungskräfte zu rekrutieren. Der Erfolg bleibt jedoch fraglich.

Etwas erfreulicher hingegen ist die Tatsache zu werten, dass die BRD seit 1996 zu der Gruppe der sog. Sitzstaaten zu zählen ist. Die Vielzahl der Einrichtungen sitzt übrigens in der ehemaligen Regierungshauptstadt Bonn. Insgesamt befinden sich derzeit 15 VN-Einrichtungen mit mehr als 600 Mitarbeitern in der BRD, u.a. *Das Freiwilligenprogramm der VN*, das Büro der Internationalen Arbeitsorganisation, das Sekretariat der Klimarahmenkonvention und der Internationale Seegerichtshof. Da die Ansiedlung von

---

[6] Die Angaben über Finanzen, Personal und Einrichtungen basieren auf: Unser 2004, 315-317, 323f. und DGVN 2003

größeren und bedeutsameren Organisationen bisher nicht erfolgreich verlief, soll durch die Schaffung eines „VN-Campus'" Bonn künftig noch attraktiver gestaltet werden. Insgesamt aber zählt die Ansiedlung von VN-Organisationen dennoch zu den Erfolgen deutscher VN-Politik.

6. Fazit und Ausblick

Nachdem ich nun wesentliche Bereiche deutscher VN-Politik skizziert habe und kurz auf die Stellung Deutschlands im System der VN eingegangen bin, möchte ich nun zu einem kurzen Fazit deutscher VN-Politik nach 1990 kommen.

Blickt man auf die vergangenen 13 Jahre deutscher VN-Politik zurück, so wird man feststellen, dass die BRD unabhängig von der jeweiligen Regierungszusammensetzung zu den aktiven Unterstützern der VN zu zählen ist (vgl. Varwick 2003, 28f.). Deutschland, das ja schon in der Adenauer-Ära positive Erfahrungen mit der Westintegration gemacht hatte, zeigt sich also gewillt dem Gedanken der Integration auch auf globaler Ebene treu zu bleiben (vgl. Knapp 1997, 36). Deutsche Außenpolitik zeichnet sich in gewisser Weise also durch das Leitmotiv des *prinzipiellen Multilateralismus'* aus (vgl. Varwick 2003, 29).

Folglich kann es nicht verwundern, dass die BRD mittlerweile eine größere Rolle in den VN spielt. Schließlich wurde sie ja in vielen Politikbereichen, nicht zuletzt beim stetig wachsenden Engagement in Friedensmissionen, ihrer weltpolitischen Verantwortung gerecht (vgl. Knapp 2002). Selbst Kofi Annan würdigte im Februar 2002 „vor dem Deutschen Bundestag die Rolle Deutschlands in der UNO ausdrücklich" (Hacke 2003, 485). Dennoch muss sich Deutschland bisweilen nicht zu Unrecht den Vorwurf der Konzeptionslosigkeit und der Passivität gefallen lassen (Schuler 1997, 263). Nicht vergessen darf man darüber hinaus den in seinem Umfang bisher einmaligen Regelbruch im Kontext des Kosovo-Konflikts 1999: Deutschland entschied sich für eine Unterstützung und damit gegen die VN. Dieser Wehrmutstropfen bleibt auch nach der nachträglichen Legitimierung dieses Einsatzes durch den Sicherheitsrat – Deutschland bekleidete seine oben erwähnte Schanier-Funktion zu spät.

Aus diesem Fall lässt sich schließen, dass bisweilen auch der deutsche Wille zur Integration in die VN an seine Grenzen stößt. So wird auch künftig die Unterstützung der VN seitens der BRD wohl davon abhängen, ob es gelingt die Weltorganisation zu reformieren und für die Bewältigung der Herausforderungen der Globalisierung und des internationalen Terrorismus richtig auszustatten. Das jetzige Konzept des deutschen Multilateralismus steht und fällt mit der Handlungsfähigkeit der VN. Sollte diese künftig nicht hergestellt werden können, ist wohl auch ein weiteres deutsches Engagement im heutigen Ausmaß fraglich. Doch die Tatsache, dass jetzt selbst die Vereinigten Staaten im Kontext des Wiederaufbaus und der Befriedung des Iraks wieder auf die VN zugehen wollen, kann die Weltorganisation stärken und stimmt ein wenig zuversichtlich – dennoch besteht kein Grund zur Euphorie.

7. Literaturverzeichnis

Andreae, Lisette (2002): Deutschland als Motor einer europäischen Politik in den Vereinten Nationen? Handlungsspielräume und Schwerpunkte deutscher VN-Politik, in: Aus Politik und Zeitgeschichte. Beilage zur Wochenzeitung das Parlament, B 48/2002

Auswärtiges Amt (Hg.) (1998): 25 Jahre Mitgliedschaft Deutschlands in den Vereinten Nationen; zitiert nach: http://www.auswaertiges-amt.de/www/de/infoservice/download/pdf/publikationen/25JVN.pdf

Debiel, Thomas und Thomas, Heiko (1997): Natürlicher Anwärter oder drängelnder Kandidat? Deutschland und die Reform des UN-Sicherheitsrats, in: Könitzer, Burkhard; Martens, Jens (Hg.) (1997): UN-williges Deutschland. Der WEED-Report zur deutschen UNO-Politik. Bonn: Dietz

DGVN (Hg.) (2003): UN Basis Informationen. Deutschland in den Vereinten Nationen; zitiert nach: http://www.dgvn.de/pdf/dgvn-bi-d-un.pdf

Gareis, Sven Bernhard (2002): UN zwischen Verantwortung und Selbstblockade, in: Bundeszentrale für politische Bildung (Hg.) (2002): Informationen zur politischen Bildung 274/2002. Internationale Beziehungen II. Frieden und Sicherheit zu Beginn des 21. Jahrhunderts. München: Franzis' print & media GmbH

Hacke, Christian (2003): Die Außenpolitik der Bundesrepublik Deutschland. Von Konrad Adenauer bis Gerhard Schröder. Frankfurt/M. – Berlin: Ullstein

Klingebiel, Stephan (1997): Wenig Lobby für mehr Multilateralismus? Deutschland und die Entwicklungszusammenarbeit der Vereinten Nationen, in: Könitzer, Burkhard; Martens, Jens (Hg.) (1997): UN-williges Deutschland. Der WEED-Report zur deutschen UNO-Politik. Bonn: Dietz

Knapp, Manfred (1997): Deutschland und die Vereinten Nationen in Politische Bildung 30, 26-38

Knapp, Manfred (2002): Die Rolle Deutschlands in den Vereinten Nationen, in: Aus Politik und Zeitgeschichte. Beilage zur Wochenzeitung das Parlament, B 27-28/2002; zitiert nach:
http://www.bpb.de/publikationen/71V9P9,0,0,Die_Rolle_Deutschlands_in_den_Vereinte n_Nationen.html

Lock, Peter (1997): Mit guten Beispiel voran? Deutschlands Rolle bei den UN-Abrüstungskonferenzen und die Realität der Rüstungsexporte, in: Könitzer, Burkhard; Martens, Jens (Hg.) (1997): UN-williges Deutschland. Der WEED-Report zur deutschen UNO-Politik. Bonn: Dietz

Maier, Jürgen (1997): Dominanz von Wirtschaftsinteressen? Die Rolle der Menschenrechte in der deutschen Außenpolitik, in: Könitzer, Burkhard; Martens, Jens (Hg.) (1997): UN-williges Deutschland. Der WEED-Report zur deutschen UNO-Politik. Bonn: Dietz

Martens, Jens (1997): Aussitzen oder Mitgestalten? Deutschland in der Debatte um die Reform der UNO, in: Könitzer, Burkhard; Martens, Jens (Hg.) (1997): UN-williges Deutschland. Der WEED-Report zur deutschen UNO-Politik. Bonn: Dietz

Schulei, Thomas: Profillose Mitläufer? Wie deutsche UN-Politik in New York gesehen wird, in: Könitzer, Burkhard; Martens, Jens (Hg.) (1997): UN-williges Deutschland. Der WEED-Report zur deutschen UNO-Politik. Bonn: Dietz

Unmüssig, Barbara (1997): Vorreiter oder Bremser? Die deutsche Umwelt- und Entwicklungspolitik in der UNO fünf Jahre nach Rio, in: Könitzer, Burkhard; Martens, Jens (Hg.) (1997): UN-williges Deutschland. Der WEED-Report zur deutschen UNO-Politik. Bonn: Dietz

Unser, Günther (2004): Die UNO. Aufgaben • Strukturen • Politik. München: dtv

Varwick, Johannes (2003): Deutsche Außenpolitik in globaler Perspektive: Kooperativer Multilateralismus und die Rolle der Vereinten Nationen, in Politische Bildung 2, 18-29